国家智库报告 2015（26）
National Think Tank

经　济

中国对外投资季度报告
（2015年第3季度）

韩冰　王永中　等著

THE QUARTERLY REPORT OF CHINA'S OUTWARD
INVESTMENT (QRCOI-IWEP) (THIRD QUARTER 2015)

中国社会科学出版社

图书在版编目（CIP）数据

中国对外投资季度报告. 2015 年. 第 3 季度 / 韩冰等著 . —北京：
中国社会科学出版社，2015. 12

（国家智库报告）

ISBN 978 – 7 – 5161 – 7261 – 2

Ⅰ.①中…　Ⅱ.①韩…　Ⅲ.①对外投资—研究报告—中国—2015

Ⅳ.①F832. 6

中国版本图书馆 CIP 数据核字（2015）第 283194 号

出 版 人	赵剑英
责任编辑	喻　苗
特约编辑	马　明
责任校对	张依婧
责任印制	李寡寡

出　　版	中国社会科学出版社
社　　址	北京鼓楼西大街甲 158 号
邮　　编	100720
网　　址	http://www. csspw. cn
发 行 部	010 – 84083685
门 市 部	010 – 84029450
经　　销	新华书店及其他书店

印刷装订	北京君升印刷有限公司
版　　次	2015 年 12 月第 1 版
印　　次	2015 年 12 月第 1 次印刷

开　　本	787 × 1092　1/16
印　　张	5. 75
插　　页	2
字　　数	51 千字
定　　价	19. 00 元

团队成员名单：姚枝仲　张　明　王永中　张金杰
李国学　韩　冰　潘圆圆　王碧珺
高　蓓　陈　博　刘　洁　黄瑞云
赵奇锋

报告执笔人：韩　冰　王永中　黄瑞云　王碧珺
李曦晨

目　录

内地企业"走出去"步伐放缓，房地产业、采矿业降幅明显

——2015 年第 3 季度中国对外直接投资报告*

摘　要

2015 年第 3 季度，受国内外经济形势的不利影响，中国海外兼并收购完成额同比环比双双下降。从行业来看，金融业依然是中国海外兼并收购的第一大行业，信息传输业跃居第二大行业，房地产业、采矿业、租赁和商务服务业等行业降幅明显，信息传输业、文体娱乐业、金融业等多个服务行业的投资规模有所扩大。从区域来看，北美洲、欧洲、亚洲稳居中国跨境兼并收购的前三

---

* 本报告执笔人为黄瑞云与王碧珺。

强。除北美洲和欧洲外，各大洲的投资规模均有所下降，拉丁美洲和非洲的降幅最为明显。在政策方面，中美 BIT 谈判进入负面清单阶段，中美双方企业对进一步互相开放市场的意愿较为强烈；《区域全面经济伙伴关系协定》（RCEP）谈判初见成果，有望在 2015 年年底前实质性结束谈判，在 2016 年尽快解决其他的技术性问题；中日韩自贸协定谈判稳步推进，如果该协定成功签订，将不仅能够为中国企业赴日韩投资提供便利，还有利于推进东亚经济一体化的进程。

一　2015 年第 3 季度中国海外直接投资特征

根据商务部的最新数据，2015 年 1—9 月，我国境内投资者共对全球 150 个国家和地区的 5162 家境外企业进行了非金融类直接投资，累计实现对外直接投资 873 亿美元，同比增长 16.5%。其中股权和债务工具投资达 747 亿美元，占比为 85.6%，同比增长 21.5%；收益再投资 126 亿美元，占比为 14.4%，同比下降 6.7%。

兼并收购是中国对外直接投资的重要形式，根据 BVD—ZEPHYR《全球并购交易分析库》与 IIS 的数据显示，2015 年第 3 季度中国企业交割完成的海外并购有 46 项，共计 68.94 亿美元（如图 1）。另外，该季度中国还有 138.15 亿美元的海外兼并收购意向（已宣布，尚未完成）。该季度的海外兼并收购涉及 16 大行业领域，包括金融业、采矿业、制造业、信息传输业、房地产业、租赁和商务服务业、电燃水生产和供应业、批发和零售业、文体娱乐业、住宿和餐饮业、建筑业、科学研究和技术服务业、交通运输和仓储业、教育、卫生和社会工作、农林牧渔业。对上述交易（包括已完成，已宣布尚未完成）进行分析，可以发现以下几个特点。

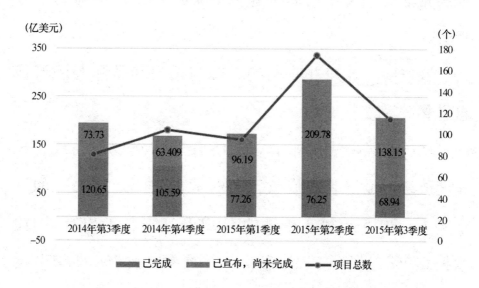

图 1　2014 年第 3 季度至 2015 年第 3 季度中国企业海外兼并收购
数据来源：BVD—ZEPHYR《全球并购交易分析库》与 IIS。

（一）受国内外经济形势的不利影响，中国海外兼并收购完成额同比环比双双下降

2015 年第 3 季度，中国企业的海外兼并收购额有所下降。该季度，所发生的海外兼并收购总额共计 207.09 亿美元，环比下降 27.6%，同比增长 6.5%；项目总数为 113 个，环比下降 34.5%，同比增长 40.7%。其中，完成交割的海外兼并收购额共计 68.94 亿美元，环比下降 9.6%，同比下降 42.9%；已宣布但尚未完成的兼并收购额总计 138.15 亿美元，环比下降 34.1%，同比增长 87.4%。实际上，2014 年第 3 季度至 2015 年第 3 季度，中国企业完成交割的海外兼并收购总额呈现明显的下降趋势。

该季度海外兼并收购的下降与国内和国际经济形势息息相关。

从国内经济表现来看，2015 年第 3 季度的经济增长速度放缓，经济表现疲软，削弱了企业"走出去"的资金实力。2015 年第 3 季度的 GDP 环比增长 1.8%，同比增长 6.9%，创 6 年以来新低，并首次跌破 7% 的 GDP 增长目标。从工业表现来看，工业企业呈现疲软态势。9 月份的工业增加值同比增速为 5.7%，比 8 月回落 0.4 个百

分点；8 月份的规模以上工业企业利润同比下降 8.8%，创 2012 年以来的最大降幅；钢铁、建材、水泥等过剩行业的增速都出现下滑，汽车、手机等行业也进入调整期。从进出口来看，1—9 月份，进出口总额同比下降 7.8%，其中，出口下降 1.8%，进口下降 15.1%；9 月份，进出口总额同比下降 8.8%，其中，出口下降 1.1%，进口下降 17.7%。从房地产投资来看，1—9 月份，房地产开发投资同比增长 2.6%，比 1—8 月份回落 0.9 个百分点。国内经济增速放缓，生产和消费需求下降，大部分企业的盈利降低，削弱了企业海外扩张的实力。

从国际经济形势来看，世界经济复苏放缓，外需市场依然不景气。2015 年六七月份，世界银行、IMF 等国际机构普遍将世界经济增长的预期下调了 0.2—0.3 个百分点，主要是考虑了大宗商品价格下跌和美联储加息预期两大风险。由于消费疲软和供大于求，大宗商品价格从 2014 年就呈下滑态势，增加了大宗商品出口国家（尤其是新兴市场）经济的不确定性。而美联储加息预期的强化对那些经济结构严重失衡、增长基础较为薄弱的经济体可能产生较大冲击，带来严重的资本外流，外债负担和再融资成本上升，并威胁到其金融稳定。

（二）以房地产业和采矿业为代表的多个行业海外兼并收购全面下降

与第 2 季度相比，第 3 季度海外采矿业、房地产业、租赁和商务服务业等多个行业的投资额明显下降。其中，房地产业和采矿业的降幅最为明显。房地产业海外兼并收购发生 3 起共计 0.16 亿美元，比上季度的 32.02 亿美元下降了将近一倍；采矿业海外兼并收购发生 6 起合计 0.88 亿美元，比上季度的 44.52 亿美元下降了 98.0%；租赁和商务服务业海外兼并收购发生 4 起共 0.84 亿美元，比上季度的 24.62 亿美元下降了 96.6%。电燃水生产和供应业的海外兼并收购额环比下降了 95.4%，建筑业的海外兼并收购额环比下降了 95.0%，制造业的海外兼并收购额环比下降了 42.8%，信息传输业的海外兼并收购额环比下降了 25.6%。

（三）医疗卫生、信息传输业等服务行业的海外投资有所增加

由图 2、图 3 所示，第 3 季度，中国企业对海外服务业领域多个行业的投资有所增加，增幅较为明显的是文体娱乐业、信息传输业、卫生和社会工作。其中，卫生和社会工作的投资额增幅最显著，比上季度增长了两倍多，主要涉及澳大利亚的私人眼科服务、德国的医学护理服务等业务；文体娱乐业发生 5 起共计 12.56 亿美元，环比增长 192.7%；住宿和餐饮业发生 1 起共 13.74 亿美元，环比增长 66.7%；金融业发生 24 起共计 89.11 亿美元，环比增长 11.6%。金融业方面，中国企业对保险业务的海外投资占金融业海外总投资额的 50%，其次是控股公司业务、资产管理业务。文体娱乐业方面，中国企业主要涉足海外的体育营销、电影制作、足球俱乐部运营等行业。

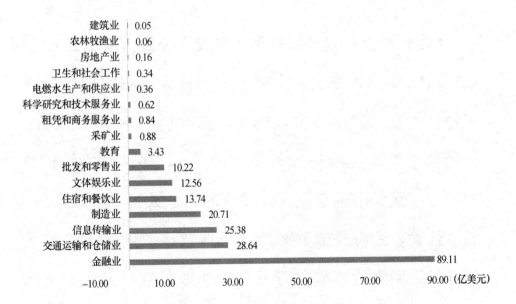

图 2　2015 年第 3 季度中国对外兼并收购行业分布（投资额）

数据来源：BVD—ZEPHYR《全球并购交易分析库》与 IIS。

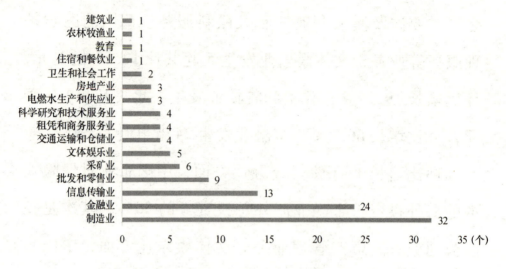

图 3   2015 年第 3 季度中国对外兼并收购行业分布（项目数）

数据来源：BVD—ZEPHYR《全球并购交易分析库》与 IIS。

（四）信息传输业跃居第 3 季度海外投资的第三大行业

2015 年第 3 季度，中国企业对信息传输业的海外投资增长强劲。发生兼并收购 13 起，共计 25.38 亿美元，占同期中国企业海外兼并收购额的 12.26%、项目数的 12.3%，跃居中国企业海外投资的第三大行业。该季度，信息传输业的海外兼并收购主要涉及移动生活 APP 系统的开发、网络营销软件开发、企业办公软件开发、手机游戏开发等领域。其中，中国企业对海外的移动打车软件开发的投资额占信息传输业海外总投资额的 61%，这与 Uber 同滴滴快的的激烈竞争有很大关系。近两年，提高效率、降低信息不对称的打车软件在中国兴起。2014年 7 月份 Uber 正式进入中国，2015 年 2 月份滴滴和快的两大公司合并为滴滴快的。Uber 与滴滴快的之间的竞争加剧，双方不断投入资金以加大业务创新。根据 BVD—ZEPHYR 的数据显示，8 月份，滴滴快的联合其他中国投资者斥资 3.5 亿美元收购新加坡的 Grab 出租车控股公司，以扩大国际市场业务。Uber 同样受到投资者青睐，高瓴资本、百度等多家公司对在开曼群岛注册成立的Uber（中国）公司投资了 12 亿美元，这为 Uber 在中国进一步拓展业务提供了资金支持。

（五）北美洲跃居第一大投资目的地，拉丁美洲和非洲降幅明显

2015 年第 3 季度，中国企业海外投资依然集中于北美洲、欧洲和亚洲，三者吸纳了同期中国海外兼并收购总投资额的 99.76%、总项目数的 91.14%（见图 4）。北美洲在该季度吸引了大量内地企业前往投资，跃居中国海外兼并收购的第一大目的地，欧洲和亚洲紧随其后，而兼并收购额最少的是拉丁美洲。

　　该季度，中国企业对北美洲和欧洲的跨境兼并收购额均比上季度有所增长，对其他洲的直接投资额却都显著下降。具体来看，中国企业在欧洲的兼并收购发生 21 起共 65.52 亿美元，比上季度的 33.73 亿美元增加了 94.2%；在北美洲兼并收购发生 41 起共计 97.65 亿美元，比上季度的 72.24 亿美元增长了 35.2%。降幅最为明显的是拉丁美洲和非洲，投资额均比上季度下降了近 1 半；其次是大洋洲，发生 5 例合计 0.45 亿美元，比上季度的 7.73 亿美元降低了 94.2%；在亚洲地区的兼并收购发生 41 起共计 43.43 亿美元，比上季度的 119.78 亿美元下降了 63.7%。

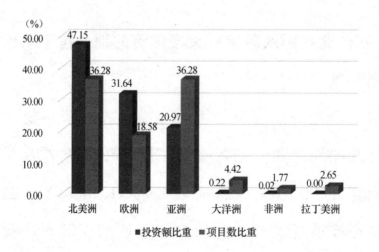

图 4　2015 年第 3 季度中国跨境兼并收购的区域分布

数据来源：BVD—ZEPHYR《全球并购交易分析库》与 IIS。

如表 1 所示，该季度，北美洲超过亚洲，跃居中国海外投资的第一大目的地。在北美洲的投资主要集中在开曼群岛、百慕大和美国，其中，中国企业在开曼群岛的直接投资总额为 35.15 亿美元，在百慕大的投资总额为 32.37 亿美元，在美国的兼并收购总额为 19.04 亿美元。投资资金主要流向了开曼群岛的 IT 行业、住宿和餐饮业、批发和零售业，以及百慕大的金融业、文体娱乐业和制造业。作为世界第一大经济体的美国渐入经济复苏阶段，其汽车制造、金融、软件开发等行业吸引大量中国企业前往投资。

欧洲成为该季度的第二大投资目的地，也是该季度兼并收购额增长最多的目的地。中国企业在欧洲的兼并收购主要集中在瑞士（占欧洲兼并收购总额的 59.8%）和荷兰（占欧洲兼并收购总额的 32.3%），其他投资目的地还包括英国、德国、捷克、比利时、西班牙和爱尔兰等国。投资资金主要流向瑞士的交通运输业和文体娱乐业、荷兰的金融业和制造业。中国企业对瑞士的热情投资与中瑞自贸协定的促进作用有很大关系。自中瑞自贸协定在 2014 年 7 月生效以来，双方企业的投资合作不断加强。中国企业不断加大对瑞士高新技术的投资，投资领域涉及瑞士的钟表、造船、机械设备、电信等优势领域，有助于中国企业提升竞争力。

该季度的第三大投资目的地是亚洲，主要集中在中国香港地区（占亚洲兼并收购总额的62.9%）和韩国（占亚洲兼并收购总额的24.4%），新加坡、以色列、印度、吉尔吉斯斯坦也有分布。行业方面，资金主要流向中国香港的金融业、信息传输业、制造业、批发零售业、交通运输业和建筑业，韩国的金融业、制造业、租赁和商务服务业、电燃水生产和供应业，以及新加坡和印度的信息传输业。该季度，中国企业对韩国企业的兼并收购有7项共计10.61亿美元，比第2季度的1.83亿美元增加了4.8倍。从6月份《中韩自由贸易协定》签订到朴槿惠不顾美日压力参加中国的大阅兵，中韩关系不断升温，这为中韩双方企业提供了良好的投资合作环境。《中韩自由贸易协定》生效以后，韩国不仅改善了华商投资的优惠制度，放松了华商投资管制，而且将建立经济自由区，这为中国企业对韩投资打开了畅通便利之门。

2015年第3季度，中国投资者在非洲、拉丁美洲和大洋洲的兼并收购显著下降。对这三大洲的直接投资涉及埃及的制造业、津巴布韦的采矿业、维京群岛的金融业、阿根廷的制造业，以及澳大利亚的金融业、采矿业、卫生和社会工作。中国企业对三大洲投资减少的主要原因：一是全球经济增长放缓，大宗商品供过于求，投资者预期大宗商品价格会持续低迷，因此会减少对大宗商品出口国家的投资，以降低投资风险。二是中国政府的反腐工作和国企改革，使得大量国有企业对外投资（尤其是对大宗商品和原材料的投资）更为谨慎。

表 1　　　　2015 年第 3 季度中国前十大跨境兼并收购目的地　单位：亿美元、个

国家/地区	投资额	项目数	主要涉及行业
开曼群岛	35.15	19	金融业、教育业、批发和零售业、农林牧渔业、信息传输业、制造业、住宿和餐饮业
瑞士	39.75	3	交通运输业、文体娱乐业
百慕大	32.37	8	采矿业、房地产业、金融业、文体娱乐业、制造业
中国香港	27.30	19	房地产业、建筑业、交通运输业、金融业、批发零售业、制造业、信息传输业、租赁和商务服务业
荷兰	21.51	3	金融业、制造业
美国	19.04	11	金融业、信息传输业、制造业、科学研究和技术服务业
韩国	10.61	7	制造业、金融业、租赁和商务服务业、电燃水生产和供应业
新加坡	4.01	6	房地产业、金融业、制造业、信息传输业
比利时	2.40	1	金融业
以色列	1.21	2	电燃水生产和供应业、信息传输业

数据来源：BVD—ZEPHYR《全球并购交易分析库》与 IIS。

（六）2015年第3季度前十大海外兼并收购项目

按照投资规模排序，本文总结了2015年第3季度中国海外兼并收购的前十大交易（见表2）。2015年第3季度前十大海外兼并收购项目的交易额普遍低于第2季度，行业布局涉及交通运输业、金融业、住宿和餐饮业、文体娱乐业、制造业五大行业。其中，十大兼并收购项目涉及海外金融业最多。

如表2所示，该季度最大的一笔交易是海航集团在2015年7月底宣布斥资27.94亿美元收购瑞士国际空港公司，其次是安邦集团在7月下旬出资20.87亿美元完成对荷兰REAAL NV公司的收购，第三大交易则是民生银行国际控股公司在8月底宣布耗资16.81亿美元收购在百慕大注册成立的华富国际有限公司93.85%的股权。北京同创九鼎投资管理公司宣布斥资13.79亿美元收购在百慕大注册成立的富通亚洲控股有限公司，成为该季度的第四大交易。上海锦江国际酒店在该季度又大出手，准备出资13.74亿美元收购开曼群岛的梯形住宿控股有限公司81%的股权，力求在酒店设计和管理方面取得更大的创新。该季度，万达集团以11.61亿美元的价格完成对瑞士盈方体育传媒公司68.2%股权的收购，还宣布出资 6.5 亿美元收购美国的世界耐力控股公司。万达集团在一步步实现自己的海外扩张目标。中信银行和安邦保险集团分别在中国香港、韩国完成收购，力求拓展海外业务。与此不同的是，中航汽车系统股份公司出资 8 亿美元收购美国的亨尼希汽车控股公司，更多地是为了引进美国的先进汽车制造技术。

表 2 　　　　2015 年第 3 季度中国前十大跨境兼并收购项目　　　单位：亿美元、%

	中国企业	目标企业	目标国家和地区	金额	目标业务	持股比例	是否完成
1	海航集团	瑞士国际空港公司	瑞士	27.94	交通运输业	100	否
2	安邦集团	REAAL NV	荷兰	20.87	金融业	100	是
3	民生银行国际控股公司	华富国际有限公司	百慕大	16.81	金融业	93.85	否
4	北京同创九鼎投资管理公司	富通亚洲控股有限公司	百慕大	13.79	金融业	100	否
5	上海锦江国际酒店	梯形住宿控股有限公司	开曼群岛	13.74	住宿和餐饮业	81	否
6	万达集团	盈方体育传媒公司	瑞士	11.61	文体娱乐业	68.2	是
7	中信银行	中信国际金融	中国香港	10.53	金融业	29.68	是
8	安邦保险集团	东洋人寿保险	韩国	9.60	金融业	63	是
9	中航汽车系统股份公司	亨尼希汽车控股公司	美国	8.00	制造业	100	是
10	万达集团	世界耐力控股公司	美国	6.50	金融业	100	否

数据来源：BVD—ZEPHYR《全球并购交易分析库》与 IIS。

二　政策展望

（一）中美 BIT 谈判进入负面清单阶段，对双方企业意义重大

中美 BIT 谈判已进入负面清单谈判阶段。2015 年 10 月 28 日—11 月 4 日，第 22 轮中美 BIT 谈判在青岛举行。中美双方在 6 月份互换了负面清单。中方的负面清单被要求缩短，而美方的负面清单虽简短，但条件却很复杂。在 9 月 23 日的中美企业家座谈会中，双方表示会积极推进双边投资协定谈判，力求在更大程度上放松中美市场准入限制，建立开放透明的市场规则。

中美双边投资协定如果达成，可以使中国企业赴美投资的渠道更加畅通，有利于中国的对外投资与国际接轨。中美双方企业都希望对方的市场能够尽快开放，在金融、新能源、通信等领域占优势的美国企业期待尽快进入中国市场以扩大全球市场份额、获得丰厚利润，而中国企业则希望在美的投资不再以各种理由被叫停。

（二）《区域全面经济伙伴关系协定》（RCEP）谈判初见成果，有望在 2015 年年底前实质性结束谈判

目前，《区域全面经济伙伴关系协定》（RCEP）谈判已进行了十轮，并初见成果。2015 年 8 月份举行的 RCEP 部长会议结束了投资、货物和服务的市场准入模式谈判，并就货物贸易出价模式达成一致。在 10 月份的第 10 轮谈判中，各方就投资、货物贸易、服务贸易等核心领域展开实质性磋商，并举行了经济技术合作、竞争政策、知识产权等工作组会议，协定案文谈判也稳步推进。各国致力于在 2015 年年底前实质性结束谈判，在 2016 年尽快解决其他的技术性问题。[①]

RCEP 是当前亚洲地区规模最大的自由贸易协定。如果 RCEP 协定能够达成，不仅会对我国的投资、就业、贸易增长等产生积极影响，也有利于推动区域经济的融合。同时，在全球经济增长乏力、各国跨境投资不振的经济形势下，尽早达成 RCEP 协定有助于加快全球经济复苏，为世界经济发展注入新的活力。

[①] 中国商务部网站（http：//fta. mofcom. gov. cn/article/rcep/rcepnews/201508/28090_ 1. html）。

（三）中日韩自贸区谈判稳步推进，有利于东亚经济一体化

随着《中韩自贸区协定》的签署，中国、日本、韩国开始加快推进中日韩自贸区谈判。中日韩自贸区谈判于 2012 年 11 月正式启动，目前已进行至第八轮，下一轮谈判将于 2015 年 12 月在日本举行。9 月 24 日，中日韩自贸区第八轮谈判会议在北京举行，三方就投资、货物贸易、服务贸易、协定范围领域等议题深入交换了意见，并在部分议题上取得一些积极进展，三国也展现了早日达成谈判的意愿。

中日韩自贸区的建立不仅有利于各国自身的经济发展与繁荣，也有利于推进东亚经济一体化的进程。首先，中日韩自贸区的成功建立将为三国的贸易、投资与合作建立一个综合性制度框架，推动三国相互扩大市场开放，有助于充分发挥三国间的产业互补性，挖掘提升三国贸易投资水平的潜力。其次，中日韩的合作是东亚合作的重要组成部分，中日韩自由贸易协定（FTA）的成功签署将有利于三国继续支持东盟共同体建设，为区域合作注入新的动力，共同促进东亚地区经济的整体发展与繁荣。

中国对"一带一路"沿线
国家投资的特征与风险 [*]

摘 要

"一带一路"战略是中国未来较长一段时间对外开放的总体战略，其重点目标是推动区域内各国之间的政策沟通、道路联通、贸易畅通、货币流通和民心相通。这为中国加快国内经济结构调整步伐，实现经济发展的新常态，推进对外经贸合作的多元化，提升总体对外开放的水平和层次，提供了重大的历史性契机。目前，中国正与"一带一路"沿线国家一道，积极规划并推进中蒙

---

[*] 本报告执笔人为王永中和李曦晨。

俄、新亚欧大陆桥、中国—中亚—西亚、中国—中南半岛、中巴、孟中印缅六大经济走廊建设。毋庸置疑，在中国与"一带一路"沿线国家经济合作方面，跨境直接投资是一个关键和核心的领域，合作重点将包括基础设施互联互通、能源资源合作、工业园区和优势产能合作。因此，在未来"一带一路"战略实施的过程中，中国对"一带一路"沿线国家的直接投资规模将会显著上升。为降低中国对"一带一路"沿线相关国家的投资风险，提高中国对外投资的效率与回报率，促进"一带一路"战略稳定、可持续地推进，本文从投资规模、区域分布、行业结构、企业类型等角度，深入分析中国在"一带一路"沿线国家开展直接投资、承接大型工程业务和投资失败项目的特征，客观评估"一带一路"国家的投资风险，并据此提出初步的政策建议。

一　中国对"一带一路"沿线国家
直接投资的特征

（一）"一带一路"沿线国家的范围

关于"一带一路"沿线相关国家的范围，政府部门和学术界尚未达成明确的一致意见。根据国家发展和改革委员会、外交部和商务部联合发布的《推动共建丝绸之路经济带和 21 世纪海上丝绸之路的愿景与行动》的界定,"一带一路"沿线相关国家应"基于但不限于古代丝绸之路的范围,各国和国际、地区组织均可参与"。这意味着,中国对"一带一路"沿线所涉及的国家范围持开放态度,仅划定丝绸之路经济带涉及的大致区域,对具体国家不作明确界定,从而赋予了"一带一路"战略的开放性与灵活性。

目前,国内学术界占主流地位的观点认为,"一带一路"共涉及 65 个国家和地区:东亚 1 国,即蒙古;东盟 10 国,包括新加坡、马来西亚、印度尼西亚、缅甸、泰国、老挝、柬埔寨、越南、文莱和菲律宾;西亚 18 国,包括伊朗、伊拉克、土耳其、叙利亚、约旦、黎巴嫩、以色列、巴勒斯坦、沙特阿拉伯、也门、阿曼、阿拉伯联合酋长国、卡塔尔、科威特、巴林、希腊、塞浦路斯和埃及的西奈半岛;南亚 8 国,包括印度、巴基斯坦、孟加拉国、阿富汗、斯里兰卡、马尔代夫、尼泊尔和不丹;中亚 5 国,包括哈萨克斯坦、乌兹别克斯坦、土库曼斯坦、塔吉克斯坦和吉尔吉斯斯坦;独联体 7 国,包括俄罗斯、乌克兰、白俄罗斯、格鲁吉亚、阿塞拜疆、亚美尼亚和摩尔多瓦；中东欧 16 国，包括波兰、立陶宛、爱沙尼亚、拉脱维亚、捷克、斯洛伐克、匈牙利、斯洛文尼亚、克罗地亚、波斯尼亚和黑塞哥维那、黑山、塞尔维亚、阿尔巴尼亚、罗马尼亚、保加利亚和马其顿。为方便起见，我们沿用这一主流的国家范围界定方法，分析中国对"一带一路"沿线国家直接投资的特征与风险。

（二）投资规模

在分析之前，我们需要对中国对外直接投资的统计数据作一个简要说明，以便于读者的理解。目前，中国官方的对外直接投资数据是由商务部、国家外汇管理局和国家统计局联合发布的。官方统计数据的一个明显缺陷是仅显示了中国对外投资资金的最初投放地，没有提供最终目的地。鉴于中国对外直接投资资金的60%以上是通过香港、维尔京群岛、开曼群岛等离岸金融中心或避税港转投第三国，从而，中国官方统计数据在投资的区域分布方面存在明显的偏差，甚至是失真。在弥补中国官方统计数据的缺陷方面，美国传统基金会（The Heritage Foundation）和中国的一些民间机构（如清科数据库）做出了一些贡献。美国传统基金会的数据库统计了规模为 1 亿美元以上的中国对外大型投资项目，其缺点是忽视了大量的中小投资项目，但优点是提供了中国对外投资资金的最终去向信息。清科数据库提供了大量中国企业对外并购的信息。这些企业层面的微观数据有效弥补了中国官方统计数据的不足。

图 1 显示了中国对"一带一路"沿线国家的直接投资规模及其占中国对外直接投资总量的比重。如图 1 所示，在过去的十余年间，中国对"一带一路"沿线国家的直接投资快速增长。根据商务部的数据，中国对 65 个"一带一路"沿线国家的直接投资规模由 2003 年的 2 亿美元大幅升至 2013 年的 134 亿美元，占中国对外直接总额的比例相应由 7.1% 攀升至 12.4%，年均增长率高达 61.1%，明显快于同期中国对外直接投资 49.6% 的年均增长率。从美国传统基金会的数据来看，2013 年，中国对"一带一路"沿线国家大型项目的投资规模高达 249.2 亿美元，占中国对外直接投资总额的 23.1%。

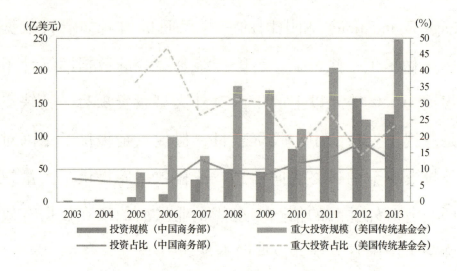

图1   中国对"一带一路"沿线国家的直接投资规模及比例

注：大型项目指项目金额为1亿美元以上的项目。

数据来源：中国商务部、The Heritage Foundation。

从上述两组数据的对比来看，美国传统基金会的数据明显高于中国官方的统计数据，且其波动程度也明显大于后者。2005—2013年，中国对"一带一路"沿线国家投资的平均规模为69.2亿美元（美国官方数据），而中国对这些国家的大型项目投资的平均规模达139.2亿美元（美国传统基金会数据），其占中国对外投资总额的比例分别为10.8%、28.1%。这表明，大量的中国资本通过香港、开曼群岛和维尔京群岛等国际离岸投资平台和避税港投向"一带一路"沿线国家。从总体上看，"一带一路"沿线国家目前尚不是中国主要的境外直接投资目的地，中国主要的境外投资目的地是一些西方发达国家和资源丰富的国家。不过，中国对"一带一路"沿线国家的投资具有广阔的发展空间，估计近期将有较快的增长。

（三）投资的区域分布

中国对"一带一路"沿线国家直接投资的区域分布差异较大。东盟与中国经贸关系密切，是"一带一路"沿线国家中吸引中国直接投资最多的地区。许多东盟国家劳动力资源丰富，劳动力成本较低，且矿石资源储量较大，但电力基础设施薄弱，电力供应短缺现象较为普遍，中国对其投资主要集中在电力、矿业资源开发和制造业等行业。如表 1 所示，2013 年年底，中国对东盟的直接投资存量为 306.4 亿美元，占中国对"一带一路"国家投资存量的 52.3%。

中国对东盟的投资主要分布于新加坡、印度尼西亚。2013 年，中国对新加坡、印度尼西亚的直接投资存量分别为 20.3 亿美元、15.6 亿美元，占当年中国对"一带一路"沿线国家直接投资量的 15.1% 和 11.6%。

西亚、中亚是中国直接投资规模较大的两个地区。

2013 年年底，中国对西亚、中亚的直接投资存量分别为78.3 亿美元、71.0 亿美元，占中国对"一带一路"沿线国家的投资额的比例分别为 13.4%、12.1%。西亚地区资源丰富，是中国资源能源的主要供给地之一。中国对西亚的投资主要集中于能源、基础设施和制造业等行业，主要分布于伊朗、沙特阿拉伯、也门、阿拉伯联合酋长国和土耳其等国。中亚地区油气资源丰富，而轻工业相对落后，中国对中亚投资集中在石油勘探与开采、交通及通信建设、化工、农副产品加工等领域（郑蕾、刘志高，2015）。中国对中亚投资的波动较大，基本投资于哈萨克斯坦。

蒙古是中国的邻国，矿石资源丰富，是中国一个重要的海外投资目的地。2013 年，中国对蒙古的投资存量为 28.3 亿美元，占中国对"一带一路"投资额的4.8%。中国对独联体和南亚的投资规模较低。2013 年，中国对独联体的投资存量为 54.8 亿美元，占"一带一路"沿线国家投资存量的 9.4%，主要分布在俄罗斯，重点配置于森林、能源开采和加工制造业。受国际地缘政治因素的影响，中国在南亚地区的直接投资较为滞后。2013 年，中国在南亚的投资存量仅为 37.2 亿美元，占

"一带一路"投资规模的6.4%。中国对南亚的投资主要分布于印度和巴基斯坦，投资集中在机械设备制造、纺织、能源开采、基础设施等行业。中国对中东欧的投资规模最低，2013年的投资存量仅为9.5亿美元，占中国对"一带一路"投资额的1.6%。

表1　　　　中国对"一带一路"沿线国家直接投资存量的区域分布　单位：亿美元

	东盟	西亚	独联体	中亚	南亚	东亚（蒙古）	中东欧	总量
2003	1.2	0.2	0.3	0.1	0.1	0.0	0.1	2.0
2004	2.0	0.4	0.8	0.1	0.0	0.4	0.0	3.8
2005	1.6	1.2	2.1	1.1	0.2	0.5	0.1	6.7
2006	3.4	2.6	4.7	0.8	-0.5	0.8	0.2	11.9
2007	9.7	2.5	4.9	3.8	9.4	2.0	0.3	32.5
2008	24.8	2.1	4.1	6.6	4.9	2.4	0.4	45.3
2009	27.0	7.3	3.6	3.5	0.8	2.8	0.4	45.3
2010	44.0	11.0	6.3	5.8	4.2	1.9	4.2	77.4
2011	59.1	14.3	7.4	4.5	9.1	4.5	1.3	100.2
2012	61.0	14.5	9.0	33.8	4.4	9.0	1.5	133.3
2013	72.7	22.3	11.6	11.0	4.6	3.9	1.0	127.1
合计	306.4	78.3	54.8	71.0	37.2	28.3	9.5	585.5

数据来源：CEIC。

（四）投资的行业结构

自2005年以来，中国对"一带一路"沿线国家大型项目投资的行业结构呈现多元化态势，先由能源行业起步，逐步拓展至金属矿石、不动产、交通、高科技、农业、金融和化学等行业。2005年，中国在"一带一路"沿线国家的大型项目投资仅涉及能源行业，以石油为主、天然气和煤炭为辅。2006—2008年，中国大型项目投资涵盖的行业延伸至金属矿石、不动产和交通等行业。金属矿石业先是以铝、铜为主，后以钢铁为主。交通业包括飞机、造船、汽车和火车，以造船业为主，近年来汽车业比重逐渐上升。不动产以财产和建筑为主。2009—2013年，中国企业投资所涉及的行业进一步拓展至高科技、农业、金融和化学等行业。这反映了中国企业对"一带一路"沿线国家的投资能力经历了一个稳步提升的过程。

从行业结构看，能源占绝对主导地位，金属矿石居次席，不动产、交通分列第三、第四位，农业、高科技和化学等行业的投资规模相对较小。如表2所示，2013年，中国对"一带一路"沿线国家的能源、金属矿石、不动产、交通四个行业的大型项目投资存量分别为679.7亿美元、233.0亿美元、116.5亿美元、114.2亿美元，占"一带一路"沿线国家投资总额的比例依次为54.3%、

18.6%、9.3%、9.1%，而中国对农业、高科技、化学、金融四个行业的投资存量分别为 37.5 亿美元、30.8 亿美元、20.3 亿美元、8.3 亿美元，其所占比例依次为 3.0%、2.5%、1.6%、0.7%。这表明，中国对"一带一路"沿线国家投资的首要动机是获取战略性资源，如石油天然气、矿石和土地；次要动机是利用丰富的人力资源和开拓当地市场，如对金属、交通业、化学等制造业，以及高科技行业投资。

表 2　　　中国对"一带一路"沿线国家大型投资项目的行业结构　单位：亿美元

	能源	金属矿石	不动产	交通	高科技	农业	金融	化学	其他
2005	44.9	0	0	0	0	0	0	0	0
2006	60.0	9.4	13	9.7	0	0	0	0	1.2
2007	20.1	45.7	0	1.5	2.8	0	0	0	0
2008	94.1	31.8	0	48.9	0	2.0	0	0	0
2009	145.4	6.7	2.8	4.7	5	0	5.3	0	2.0
2010	53.1	24.6	16.0	0	3	14.1	0	0	0
2011	90.2	57.3	19.9	18.1	0	1	1.0	19.2	1.2
2012	37.8	32.2	29.3	9.2	16.5	0	0	0	2.4
2013	134.1	25.3	35.5	22.1	3.5	20.4	2.0	1.1	5.2
合计	679.7	233	116.5	114.2	30.8	37.5	8.3	20.3	12.0

数据来源：The Heritage Foundation 和作者的计算。

（五）国内投资企业的类型和地区分布

从投资规模来看，中央级国有企业是中国对"一带一路"沿线国家开展投资的主力军，地方企业只能发挥补充性作用。如表3所示，截至2014年上半年，中央级企业对"一带一路"沿线国家大型项目投资的存量为864.5亿美元，占中国对"一带一路"大型项目投资总量的67.4%。其中，隶属国资委的央企的投资量为782.2亿美元，占中央级企业投资量的90.5%，中投公司的投资量为59.1亿美元，占比为4.6%，而以四大国有银行为代表的金融央企的投资存量较低，仅为23.2亿美元，占1.8%。

地方企业对"一带一路"沿线国家大型项目的投资存量为419.0亿美元，占中国对"一带一路"大型项目投资存量的32.6%。中国地方企业对"一带一路"沿线国家的投资主要来源于经济较为发达的东部地区。上海企业对"一带一路"的投资存量最大，达99.0亿美元，占地方企业投资量的23.6%；北京企业的投资量居次位，为58.1亿美元，占13.9%；浙江、广东、吉林和山东的企业的投资规模较为接近，分别为42.1亿美元、

39.6 亿美元、39.2 亿美元、37.5 亿美元，其占地方企业对"一带一路"投资存量的比例依次为 10.0%、9.5%、9.4%、8.9%。其他地方企业对"一带一路"的投资量显著低于东部地区。

表 3　　　中国对"一带一路"沿线国家开展大型投资的国内企业的

类型结构与地区分布　　　　　单位：亿美元

		2005	2006	2007	2008	2009	2010	2011	2012	2013	2014H1	合计
中央级企业	中央企业	44.9	39.9	41.4	157.5	133.0	84.0	66.1	43.6	145.8	26.0	782.2
	金融央企		9.7			5.3			2.4	1.0	4.8	23.2
	中投公司					14.9		4.6	4.2	35.4		59.1
	合计	44.9	49.6	41.4	157.5	153.2	84.0	70.7	50.2	182.2	53.6	864.5
地方企业	北京		39.5		1.5			8.2	7.8	1.1		58.1
	上海		14.2	27.8	10.2	3.5		1.2	19.0	6.2	16.9	99.0
	天津				2.8				5.0			7.8
	河北				1.2			7.9			3.4	12.5
	广东					3.0	2.0	19.8	14.8			39.6
	浙江					5.1	28.0		6.5	2.5		42.1
	山东				2.0		19.2	1.2	15.1			37.5
	山西				7.6							7.6
	甘肃				1.9							1.9
	辽宁				4.8							4.8
	吉林						39.2					39.2
	新疆				2.5	1.0	4.0	1.0				8.5
	内蒙古				1.8							1.8
	陕西				1.2							1.2

续表

		2005	2006	2007	2008	2009	2010	2011	2012	2013	2014H1	合计
地方企业	云南						15.0					15.0
	江苏								6.0			6.0
	安徽								5.2			5.2
	福建							2.0	1.0			3.0
	广西							5.0	1.0	15.3		21.3
	湖北								1.6			1.6
	海南							5.3				5.3
	合计		53.7	27.8	19.3	18.7	27.1	122.0	63.6	64.0	22.8	419.0

注：2014H1 指 2014 年上半年。

数据来源：The Heritage Foundation 和作者的计算。

二　中国在"一带一路"沿线国家承接的大型工程项目的特征

（一）大型工程承包项目的承接规模

基础设施建设等工程承包项目是中国具有竞争优势的领域。中国工程承包企业具有丰富的基础设施建设经验，拥有工资成本较低但业务能力较强的工程施工队伍，且能获得较为充足的外部信贷资金支持，在交通、电力和水利等领域具有较强的国际竞争力。"一带一路"沿线国家的基础设施建设严重不足，基础设施供给能力普遍较弱，这为中国与"一带一路"沿线国家优先开展基础设施互联互通方面的合作提供了良好契机。

　　如图 2 所示，2013 年，中国在"一带一路"沿线国家承接的大型工程承包项目的金额为 321.8 亿美元，比 2005 年的 58.5 亿美元的水平增长了 4.5 倍，占中国当年对外承接的大型工程承包项目金额的 55.5%。在 2005 年至 2014 年上半年期间，中国在"一带一路"沿线国家承接的大型工程项目规模占中国对外大型工程总承包量的平均比例高达 58.2%，显著高于直接投资的比重。这表明，中国一半以上的大型工程项目市场位于"一带一路"沿线国家。未来一段时间，随着基础设施互联互通将成为中国与"一带一路"国家的重点合作领域，中国对"一带一路"国家的基础设施投资将很可能出现爆发性增长。

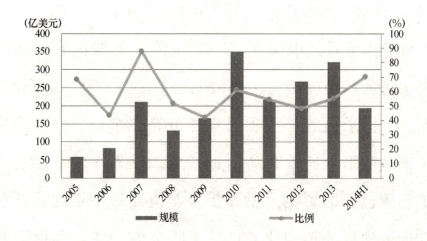

图 2　中国在"一带一路"沿线国家承接的大型工程项目的规模及比例
注：大型项目指项目金额为 1 亿美元以上的项目。

数据来源：The Heritage Foundation。

（二）大型工程承包项目的区域分布

中国在"一带一路"沿线国家承接的大型工程承包项目主要分布于东盟、西亚和南亚三个地区，中亚、独联体和中东欧的规模相对较低。如表4所示，在2005年至2014年上半年期间，中国在东盟、西亚和南亚承接的大型承包工程项目的总规模分别为631.6亿美元、599.7亿美元、368.9亿美元，分别占中国在"一带一路"沿线国家承担的大型工程项目总额的32.7%、31.0%、19.1%，而中国在中亚、独联体和中东欧地区承担的大型工程项目的规模分别为134.7亿美元、108.3亿美元、88.9亿美元，其占比依次为7.0%、5.6%、4.6%。

从总体上看，中国在"一带一路"沿线国家承担的大型工程项目呈现出稳步扩散的态势。在2005—2006年期间，中国承揽的工程项目集中分布在东盟、西亚，这两个地区的平均比重共高达89.7%。2007—2010年，中国工程承包商的影响力迅速扩展至南亚和中亚地区，东盟和西亚地区的年均业务比重下降至72.6%，而南亚和中亚地区的工程业务量的年均比重由前期的10.3%攀升至23.8%。自2011年以来，中国的工程承包市场进一步拓展至独联体和中东欧，东盟和西亚的承包业务平均份额持续降至57.1%，南亚和西亚的平均份额稳定升至32.7%，而独联体和中东欧的业务平均份额由前期的5.0%大幅上升至18.1%。

表4　　　中国在"一带一路"沿线国家承接的大型工程项目的区域分布

单位：亿美元

	东盟	西亚	南亚	中亚	独联体	中东欧	总额
2005	11.9	43.6	0	3.0		58.5	
2006	32.0	38.6	9.5	3.4		83.5	
2007	70.3	75.9	35.2	21.6	8.3		
2008	55.7	45.4	10.9	2.0	11.6		
2009	38.6	73.7	22.1	31.3	0	1.0	
2010	153.9	75.9	56.6	24.3	4.6	15.1	
2011	94.3	55.5	22.5	11.6	33.8		
2012	81.6	81.2	51.3	12.6	16.3	22.9	
2013	60.7	81.0	98.1			38.7	
2014H1	32.6	28.9	62.7	24.9	33.7	11.2	
合计	631.6	599.7	368.9	134.7	108.3	88.9	1932.1

数据来源：The Heritage Foundation 和作者的计算。

（三）大型工程承包项目的行业结构

中国在"一带一路"沿线国家承接的大型工程承包项目主要集中于能源、交通和不动产等行业。如表5所示，在 2005 年至 2014 年上半年期间，中国在能源、交通和不动产三个行业承建的大型工程承包项目的存量分别为 1083.1 亿美元、395.3 亿美元、212.7 亿美元，占承担的"一带一路"沿线国家大型工程项目总额的比例依次为 56.0%、20.5%、11.0%。中国还承担了金属矿石、农业和化学行业的一些大型工程项目，其金额分别为 108.6 亿美元、57.4 亿美元、29.6 亿美元，远远低于能源、交通和不动产三个行业。总体上看，中国在"一带一路"沿线国家承担的能源行业工程承包项目的绝对规模呈上升趋势，但其所占比重稳步下降，交通行业的工程承包规模及其所占比重逐步上升，而不动产行业的工程承包规模波动性大，尚未表现出稳定的趋势。

表5　中国在"一带一路"沿线国家承接的大型工程项目的行业结构

单位：亿美元

	能源	交通	不动产	金属矿石	农业	化学	技术	其他	总额
2005	9.9	24.1	7.5	12.0	1.5	3.5			
2006	68.0	4.9	10.6						
2007	128.5	11.0	18.9	41.0	6.9	3.5	1.5		
2008	79.6	18.5	21.5	3.0			4.0		
2009	135.8	14.0	6.8	4.4	2.7		2.0		
2010	199.8	65.5	18.7	9	16.3	17.0	2.2	2.9	

续表

	能源	交通	不动产	金属矿石	农业	化学	技术	其他	总额
2011	106.8	48.3	28.6	17.3	7.2			7.7	
2012	125.8	36.6	67.3	8.9	12.6			16.1	
2013	157.5	79.7	18.4	8.1	5.2		1.3	8.3	
2014H1	71.4	92.7	14.4	4.9	5.0	5.6			
合计	1083.1	395.3	212.7	108.6	57.4	29.6	11.0	35.0	

数据来源: The Heritage Foundation。

(四) 承接大型工程项目的国内企业类型

在工程承包领域,中央企业相较于地方企业拥有巨大的市场竞争优势,如工程施工技术、资金实力、专业人才储备、国际市场经验和国际知名度等。如表 6 所示,中央企业在"一带一路"沿线国家的工程承包业务中占据绝对的主导地位。在 2005 年至 2014 年上半年期间,隶属国资委的中央企业在"一带一路"沿线国家承接的大型工程项目的总规模达 1779.6 亿美元,占中国在"一带一路"沿线国家承接的大型工程项目总额的 92.1%。在此期间,中央金融企业承担的大型工程项目规模为 18.4 亿美元,占比为 1.0%,而地方企业承担的大型工程项目规模仅为 134.9 亿美元,占比为 7.0%。

在中央企业内部,母公司承接了绝大部分的大型工程承包业务，子公司承担的工程业务量相对较少。在2005年至2014年上半年期间，中央企业以母公司名义在"一带一路"沿线国家承接的大型工程项目的总规模达1541.2亿美元，以子公司名义出面承接的工程项目的总金额为238.4亿美元，其占中央企业在"一带一路"沿线国家工程承包量的比例分别为86.6%、13.4%。值得注意的是，中央企业在"一带一路"沿线国家以子公司名义承揽大型工程的规模近年来大幅下降，由2010年的63.7亿美元大幅降至2013年的1.0亿美元，其占比也相应由22.4%大跌至0.4%。而且，在2014年上半年，中央企业在"一带一路"沿线国家不再以子公司名义承接大型工程项目。预计中央企业在未来的"一带一路"基础设施互联互通建设过程中将继续发挥主力军的作用。

表6   中国在"一带一路"沿线国家承接大型工程项目的国内企业类型

单位：亿美元

	中央企业			中央金融企业	地方企业
	合计	母公司	子公司		
2005	41.1	37.3	3.8	9.0	8.4
2006	80.1	71.9	8.2		3.4
2007	200.1	145.7	54.4	6.2	5.0

续表

	中央企业			中央金融企业	地方企业
	合计	母公司	子公司		
2008	111.5	95.9	15.6		15.1
2009	161.7	138.6	23.1		4.0
2010	284.1	220.4	63.7		47.3
2011	204.0	162.3	41.7	1.0	10.9
2012	253.6	226.7	26.9		13.7
2013	265.3	264.3	1.0	2.2	11.2
2014H1	178.1	178.1			15.9
合计	1779.6	1541.2	238.4	18.4	134.9

数据来源: The Heritage Foundation。

三　中国在"一带一路"沿线国家投资失败的大型项目特征

(一) 投资失败的大型项目的数量和金额

"一带一路"沿线国家经济发展水平差异巨大,市场经济体制不成熟,跨境投资合作机制不健全,投资风险较高,地缘政治复杂,制约着中国与"一带一路"沿线国家的经贸合作。表 7 显示了中国在"一带一路"沿线国家投资失败的大型项目的数量与金额。投资失败包括两种类型:一是在投资准入壁垒等因素的作用下,项目投资活动被迫取消,如并购失败、绿地投资取消等;

二是项目的收购或投资过程已完成，但项目经营因政治动荡、社会不稳定或市场环境变化而失败。

如表 7 所示，在 2005 年至 2014 年上半年期间，中国在"一带一路"沿线国家投资失败的大型项目数量为 32 个，占中国投资失败的大型项目总数的 24.6%；在"一带一路"沿线国家投资失败的项目金额达 560.2 亿美元，占中国投资失败的大型项目金额的 23.7%。在此期间，中国在"一带一路"沿线国家投资失败的大型项目的数量（金额）占中国投资失败的大型项目的数量（金额）的比重，均经历了先大幅下降后稳步上升的态势。中国在"一带一路"沿线国家失败项目数比例先由 2006 年的 62.5% 大幅降至 2008 年的 6.7%，后升至 2013 年的 28.6%，而失败项目金额的比例则先由 2006 年的 61.4% 剧降至 2008 年的 0.8%，后又升至 2013 年的 32.6%。

表 7　　　　　　中国对外投资失败的大型项目的数量与金额　　单位：个、亿美元

	项目数		项目金额	
	"一带一路"沿线国家	全部	"一带一路"沿线国家	全部
2005	1	2	13.9	193.9
2006	5	8	204.8	333.7
2007	5	11	73.6	146.1

续表

	项目数		项目金额	
	"一带一路"沿线国家	全部	"一带一路"沿线国家	全部
2008	1	15	3.0	366.0
2009	2	16	18.3	354.9
2010	3	18	13.3	176.9
2011	2	22	40.5	340.3
2012	6	16	86.4	163.4
2013	4	14	69.5	213.3
2014H1	3	8	36.9	71.2
合计	32	130	560.2	2359.7

数据来源：The Heritage Foundation 和作者的计算。

（二）投资失败的大型项目的区域分布

中国在"一带一路"沿线国家投资失败的大型项目主要分布于西亚和东盟地区，其他地区投资失败项目的规模较小。如表 8 所示，在 2005 年至 2014 年上半年期间，中国在西亚、东盟投资失败的大型项目的总规模分别为 295.9 亿美元、160.0 亿美元，占中国在"一带一路"沿线国家投资失败项目总额的比例依次为 52.8%、28.6%。

中国企业在东盟投资失败的项目数量最多，但投资失败的项目金额相对较小。中国企业经历投资失败的东盟国家包括菲律宾、缅甸、越南、新加坡、柬埔寨、泰国、印度尼西亚等国，其中在菲律宾投资失败的次数最多，金额最大。近年来，受美国重返亚洲、东盟国家内部政局变动和南中国海争端等因素的影响，中国企业在东盟地区的投资频频失利。缅甸国内政治局势的变化导致中缅密松大坝工程和中缅合资的莱比塘铜矿项目被叫停，中缅皎漂—昆明铁路工程计划被取消；柬埔寨首相下令暂停建造中柬合作大坝；泰国政局动荡导致中泰"高铁换大米"计划流产；菲律宾拒绝中方技术人员参与菲律宾国内的电力输送工程，为中国国家电网公司（持有菲律宾国家电网公司40%的股权）在菲律宾的正常业务运营设置了障碍。

中国在西亚地区投资失败的大型项目分布在伊朗、叙利亚和沙特阿拉伯。其中，伊朗是中国在西亚地区投资失败的项目金额最多的国家。中海油曾在2006年收购伊朗一个价值160亿美元的油气项目失败。中国在南亚投资失败的国家分布于阿富汗、印度和巴基斯坦。近来，斯里兰卡新政府上台导致中国交建承建的总投资为15亿美元的科伦坡港口城项目面临不确定的政治风险，引发了国内的强烈关注。中国在中亚地区投资失败的项目主要位于哈萨克斯坦和乌兹别克斯坦，在独联体地区的投资失败项目主要分布于俄罗斯，在中东欧地区的失利项目主要位于波兰和保加利亚。当然，这并不意味着这些国家的投资风险会较高，因为中国对其投资规模也相对较高。

表 8　　中国在"一带一路"沿线国家投资失败的大型项目的区域分布

单位：亿美元

	东盟	西亚	南亚	中亚	独联体	中东欧	东亚（蒙古）
2005				13.9			
2006	19.8	160.0			25.0		
2007	72.5			1.1			
2008	3.0						
2009		18.3					
2010	8.6	6.2					
2011	36.0					4.5	
2012	5.1	67.0				1.9	12.4
2013	3.1	37.7	28.7				
2014H1	11.9	25.0					
合计	160.0	295.9	47.0	15.0	25.0	6.4	12.4

数据来源：The Heritage Foundation。

（三）投资失败的大型项目的行业结构

中国在"一带一路"沿线国家投资失败的行业主要是能源和金属矿石。如表 9 所示，2005 年至 2014 年上半年，中国在"一带一路"沿线国家的能源、金属矿石行业投资失败的规模分别高达 406.4 亿美元、82.2 亿美元，依次占中国在"一带一路"沿线国家投资失败总额的 72.4%、14.6%，两个行业合计占 87.0%；农业、交通行业的投资失败规模分别为 41.3 亿美元、28.8 亿美元，约占投资失败额的 7.4%、5.1%；不动产、高科技行业的投资失败金额很小，基本可忽略不计。从年度数据看，能源行业的投资失败事件的出现最为频繁，基本上每年都有；金属矿石和交通行业的投资失败的频率也较高；农业和高科技行业的投资失败的出现频率低，具有偶发性。

对于中国企业而言，能源、资源行业属于敏感和高风险的行业。在过去的一些年份，中国企业在海外大举收购能源、资源行业，可能引起了"一带一路"沿线国家的担忧和警惕。事实上，中国并未能从前段时间的对外能源、资源并购潮中获得应有的利益。基本原因有两点：一是中国一些企业跟风大举对外并购，大幅抬高了能源、资源资产收购的门槛和价格；二是近来大宗商品价格大幅下跌导致中国企业的海外能源、资源权益资产的价值出现了明显下跌。为促进中国在"一带一路"沿线国家投资的可持续发展，深化中国与"一带一路"沿线国家之间的互信，中国企业应适当克制对资源、能源等大宗商品领域的投资，加大产能和基础设施领域的合作力度，消除"一带一路"沿线国家的疑虑。

表9　　中国在"一带一路"沿线国家投资失败的大型项目的行业结构

单位：亿美元

	能源	金属矿石	农业	交通	高科技
2005	13.9				
2006	186.9	17.9			
2007	22.3		41.3	10.0	
2008					3.0
2009	3.3	15.0			
2010		8.6		6.2	
2011	36.0			4.5	
2012	81.3			5.1	
2013	37.7	31.8			
2014H1	25.0	8.9		3.0	
合计	406.4	82.2	41.3	28.8	3.0

数据来源：The Heritage Foundation。

四　中国在"一带一路"沿线国家的投资风险评估

（一）"一带一路"沿线国家的总体投资风险

为比较"一带一路"沿线国家与其他经济体的投资

风险，我们选择用下述两个相对指标来衡量"一带一路"沿线国家的投资风险：一是中国在"一带一路"沿线国家投资失败的大型项目数量份额与"一带一路"沿线国家的投资价值份额之间的比率；二是"一带一路"沿线国家投资失败的大型项目的价值份额与"一带一路"沿线国家投资份额之间的比率。若上述两个指标值大于1，表明"一带一路"沿线国家的投资风险高于其他国家；若指标值等于1，说明"一带一路"沿线国家的投资风险与其他国家一样高；若指标值小于1，则"一带一路"沿线国家的投资风险低于其他国家。

如图3显示，中国在"一带一路"沿线国家投资失败项目的数量份额、价值份额的比例均显著超过其在"一带一路"沿线国家的投资份额。2005—2013年，中国在"一带一路"沿线国家投资受阻项目的数量份额、价值份额与其在"一带一路"沿线国家的投资份额之间的比率的均值分别为3.72、2.77。这表明，对于中国企业而言，"一带一路"沿线国家的投资风险明显高于平均水平。中国在"一带一路"沿线国家的投资风险呈现出先大幅下降后缓步回升的态势。中国在"一带一路"沿线国家的投资受阻项目的数量份额、价值份额与投资份额的比率先由 2006 年的 11.1、10.9 的峰值水平大幅降至 2008 年的 0.82、0.10，后又总体上缓慢回升至 2013 年的 2.42、2.76。

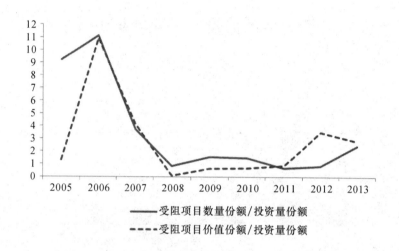

图 3　中国在"一带一路"沿线国家的相对投资风险（受阻程度）
数据来源：作者的计算。

（二）"一带一路"沿线国家的区域投资风险

为比较"一带一路"沿线各地区的投资风险水平，我们计算了中国在"一带一路"沿线各地区的投资受阻项目的总价值与对其投资总额的比率。如图 4 所示，2005 年至 2014 年上半年，中国在西亚地区的投资受阻项目价值总额与投资总额的比率最高，达 3.78；南亚地区次高，为 1.26；中东欧、东盟、独联体和东亚（蒙古）

四个地区的比率相对较低，为 0.44—0.67。而中亚地区的比率最低，仅为 0.21。这说明，对于中国企业而言，西亚地区的投资风险最高，南亚地区的投资风险较高，中亚地区的投资风险较低，而中东欧、东盟、独联体和东亚（蒙古）四个地区的投资风险处于中等水平。

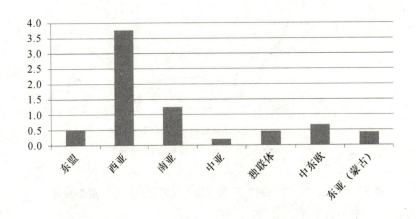

图 4 中国在"一带一路"沿线各地区的相对投资风险

数据来源：作者的计算。

注：相对投资风险的衡量指标为投资受阻项目的价值规模与投资规模的比率；本图的相对投资风险指标值为在 2005 年至 2014 年上半年期间各地区的投资受阻项目的价值总额与投资总额的比率。

五 结论与政策建议

"一带一路"沿线国家是中国对外直接投资的一个重

要但不是主要的目的地,中国的对外直接投资仍然主要配置于欧美发达国家和自然资源丰裕的国家。综合中国官方统计数据和美国传统基金会的数据,2013 年年底,中国对"一带一路"沿线国家的直接投资存量占中国对外直接投资存量的份额为 10.8%—28.1% 。这意味着,即使未来"一带一路"战略得以顺利实施,中国对外投资倚重发达国家和资源丰裕国家的局面短期内不会改变。因此,"一带一路"战略实施效果的显现是一个长期渐进的过程,在短期内不能对之有不切实际的期待。与跨境直接投资的低份额形成鲜明对比的是,中国一半以上的对外大型工程承包项目的市场需求来源于"一带一路"沿线国家。这佐证了中国将"基础设施互联互通"作为"一带一路"战略的五大重点合作领域之一的现实性和前瞻性。

中国在"一带一路"沿线国家的直接投资和大型工程承包业务存在着较大的地区差异。东盟与中国经贸关系密切,是"一带一路"沿线国家中吸引中国直接投资最多的地区,是中国大型承包工程业务的最大需求市场。西亚、中亚是中国直接投资和承接大型工程项目的规模较大的两个地区。中国对南亚、独联体和中东欧的投资较为滞后，规模较小。从中国对"一带一路"沿线各地区投资的行业结构看，能源行业占绝对主导地位，金属矿石行业居次席，不动产、交通行业分列第三、第四位，农业、高科技和化学等行业的投资规模相对较小。中国在"一带一路"沿线国家承担的大型工程承包项目主要集中于能源、交通和不动产等行业。从对外投资的微观企业类型来看，中央级国有企业是中国对"一带一路"沿线国家开展投资的主力军，地方企业只是发挥补充性作用。

中国在"一带一路"沿线国家投资失败的大型项目主要分布于西亚和东盟地区，其他地区投资失败项目的规模较小。中国在"一带一路"沿线国家投资失败的行业主要是能源和金属矿石行业。"一带一路"沿线国家的投资风险明显高于平均水平。中国在"一带一路"沿线国家投资失败项目的数量份额、价值份额的比例均显著超过其在"一带一路"沿线国家的投资份额。对于中国企业而言，"一带一路"沿线地区的投资风险也存在着差异性。西亚地区的投资风险最高，南亚地区的投资风险较高，中亚地区的投资风险较低，而中东欧、独联体和东盟等地区的投资风险处于中等水平。

为降低中国对"一带一路"国家的投资风险，提高对外投资的回报率和效率，提升对外投资的可持续发展水平，促进"一带一路"战略的顺利实施，现提出如下政策建议：第一，中国的政府、学术界、媒体和企业界应向"一带一路"沿线国家的社会各界人士宣传与解释"一带一路"倡议的目标和合作领域，化解其误解和疑虑，增进共识和互信。第二，加大对"一带一路"沿线国家相关语种人才的培养力度，鼓励行业协会、商会在"一带一路"沿线国家设立分支机构，加强对"一带一路"沿线国家的国别调研和情报信息搜集的力度，深化国内社会各界对"一带一路"沿线国家的国情认识。第三，中国政府应积极与"一带一路"沿线国家修改和签订双边投资协定，支持中国企业在海外依法维权，要求所在国的政府和法律公正、透明地保护中国企业的合法权益。第四，规范企业海外经营行为，提高企业的合规守法意识，完善政府对外投资促进体系，降低中国企业面临的政治风险。第五，中国企业应完善投资策略，不要盲目追求大规模的投资项目，适当克制对能源、资源等敏感行业的投资，降低投资项目的受关注度和政治风险。第六，充分发挥香港在内地企业"走出去"过程中的中介服务功能和平台作用，缓解中国企业的海外投资风险。第七，构建中国对外投资国家风险评级、预警和管理体系，为国内企业降低海外投资风险、提高海外投资成功率提供参考（王永中、王碧珺，2015）。

参考文献

王永中、王碧珺：《中国海外投资高政治风险的成因与对策》，《全球化》2015年第5期。

郑蕾、刘志高：《中国对"一带一路"沿线直接投资空间格局》，《地理科学进展》2015年第5期。

中华人民共和国商务部、中华人民共和国国家统计局和国家外汇管理局：《2013年度中国对外直接投资统计公报》，中国统计出版社2014年版。

中国海外投资间接征收风险防范与救济[*]

摘　要

　　间接征收是国际投资面临的主要政治风险之一。中国海外投资的地区与行业分布表明中国"走出去"的企业需要特别注意防范间接征收风险。近来，国际投资条约实践与仲裁实践对于间接征收的认定问题做出的澄清与指引，一定程度上矫正了间接征收扩大化问题，也平衡了投资者利益与东道国的规制公共利益的权力。而这对于中国走出去的企业而言，则意味着在国际投资仲裁

---

　　* 本报告执笔人为韩冰。

实践中，进一步增加了企业在遭受东道国间接征收后寻求救济的难度。中国亟待根据中国与缔约国间的双向投资的实际情况及发展趋势审慎选择间接条款模式，完善双边投资保护协定中的间接征收及相关条款规定，以防患于未然。

自 2000 年以来，随着我国政府出台的一系列鼓励海外投资的政策和措施，中国的海外投资迅速增长。根据联合国贸易和发展会议（UNCTAD）发布的《2015 年世界投资报告》显示，2014 年全球外国直接投资流出流量为 1.35 万亿美元，年末存量为 25.87 万亿美元。以此为基数计算，2014 年中国对外直接投资流量为 1231.2 亿美元，对外直接投资存量为 8826.4 亿美元，分别占全球当年流量的 9.1% 和存量的 3.4%，流量连续三年位列全球国家（地区）排名的第 3 位，存量位居第 8 位。2015 年"一带一路"具体方案的出炉，更为中国海外投资提供了巨大的历史机遇。然而，有投资就有风险。间接征收即是中国海外投资较易遭受到的政治风险之一。目前中国投资者在解决投资争端国际中心（ICSID）提起的 3 起国际投资仲裁，即香港居民谢叶深诉秘鲁政府案①、中国平安保险公司诉比利时政府案②、北京城建集团诉也门共和国案③均涉及间接征收问题。为保障我国海外投资权益，作为成长中的海外投资大国，我国有必要对间接征

---

① 中国香港居民谢叶深，投资了秘鲁的一家 TSG 鱼粉公司，拥有该公司 90% 的股权。2004 年，秘鲁国家税收管理总局认为 TSG 公司欠税 1200 万秘鲁新币，并在发出欠税通知一个月后采取了临时措施冻结 TSG 公司的银行账户，致使该公司无法继续运营。谢叶深认为秘鲁政府采取的措施构成了间接征收且未予补偿，遂将其告上了 ICSID 仲裁庭。该案于 2011 年审结，仲裁庭裁决秘鲁政府败诉，确认秘鲁政府采取冻结账户的临时措施构成间接征收，因此秘鲁政府需支付 786306.24 美元的补偿，加上 227201.30 美元的利息，共计 1013507.54 美元。参见 *Tza Yap Shum* v. *Republic of Peru*（ICSID Case No. ARB/07/6）；孙南申、王稀《中国对外投资征收风险之法律分析》，《国际商务研究》2015 年第 1 期。

② 2012 年 9 月 19 日，中国平安保险（集团）股份有限公司向解决投资争端国际中心提交了仲裁请求书，指控比利时政府在 2008 年金融危机期间对富通集团资产处置不当，构成实质上的间接征收，因此向比利时政府索赔。2014 年 2 月，比利时政府提交了质疑仲裁庭管辖权的答辩状，仲裁庭中止了实体审理，先裁定管辖权问题。2015 年 4 月 30 日，仲裁庭做出没有管辖权的裁定。参见 *Ping An Life Insurance Company of China, Limited and Ping An Insurance（Group）Company of China, Limited* v. *Kingdom of Belgium*（ICSID Case No. ARB/12/29）。

③ 2014 年 12 月 3 日解决投资争端国际中心受理了北京城建集团提起的诉也门共和国一案。申请人北京城建集团 2006 年在也门民航气象局"萨那国际机场新航站楼工程"招标项目中中标，工程中标价为 1.15 亿美元。北京城建集团认为被申请人也门共和国违反中国—也门 BIT，强制剥夺即征收了申请人在也门的合同与资产。目前本案的仲裁庭尚未组成，有待进一步审理。参见 *Beijing Urban Construction Group Co. Ltd.* v. *Republic of Yemen*（ICSID Case No. ARB/14/30）；韩宝庆《海外承包工程争议适用 ICSID 仲裁的可行性分析——从北京城建集团诉也门共和国案说起》，《国际经济合作》2015 年第 3 期。

收问题进行深入研究，寻求防范与救济途径。

一　中国海外投资应谨防间接征收风险

中国的海外投资在过去的十多年间取得了显著的进展，而中国海外投资的地区与行业分布表明中国"走出去"的企业应特别注意防范间接征收风险。

从中国海外投资地区来看，根据《2014 年度中国对外直接投资统计公报》数据显示，截至 2014 年年底，中国对外直接投资分布在全球的 186 个国家（地区）。其中，中国在发展中经济体的投资存量为 7281.68 亿美元，占 82.5%；在发达经济体存量为 1352.51 亿美元，占15.3%；在转型经济体的直接投资存量为 192.21 亿美元，占存量总额的 2.2%。这表明当前中国的海外直接投资存量的八成分布在发展中经济体。由于发展中国家的经济、政治和社会等各项制度往往仍处于形成中，发生调整或转型的风险较高，在客观上增加了这些国家发生间接征收的风险。而这也为国际投资仲裁实践所验证，根据 2015 年《世界投资报告》的统计，截至 2014 年年底，在投资者诉东道国的 608 例仲裁案件中，共有 99 个国家被提起投资仲裁诉讼，其中被诉最多的国家为阿根廷，其次为委内瑞拉，位居第三的是捷克（见图1）。总体上看，被诉国主要为发展中国家或转型经济国家，拉丁美洲与加勒比地区国家占比最高。

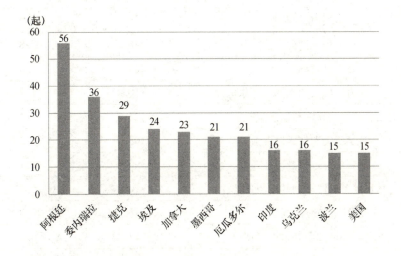

图1　国际投资仲裁最常被诉国家（案例数，截至2014年年底）

数据来源：UNCTAD。

从中国海外投资行业分布上看，根据《2014年度中国对外直接投资统计公报》，中国对外直接投资覆盖了国民经济所有行业类别，仅租赁和商务服务业、金融业、采矿业与批发和零售业四大行业累计存量就为6867.5亿美元，占中国对外直接投资存量的77.8%（见表1）。其中金融业存量为1376.2亿美元，是仅次

表1　　　　2014 年年末中国对外直接投资存量行业分布和比重 单位：亿美元、%

行业名称	存量	比重
租赁和商务服务业	3224.4	36.5
金融业	1376.2	15.6
采矿业	1237.3	14.0
批发和零售业	1029.6	11.7
制造业	523.5	5.9
交通运输、仓储和邮政业	346.8	3.9
房地产业	246.5	2.8
建筑业	225.8	2.6
电力、热力、燃气及水的生产供应业	150.4	1.7
信息传输、软件和信息服务业	123.3	1.4
科学研究和技术服务业	108.7	1.2
农、林、牧、渔业	96.9	1.1
居民服务、修理和其他服务业	90.4	1.0
文化、体育和娱乐业	16.0	0.2
水利、环境和公共设施管理业	13.3	0.2
住宿和餐饮业	13.1	0.1
其他行业	4.2	0.1

数据来源：作者根据《2014 年度中国对外直接投资统计公报》数据整理。

于租赁和商务服务业的第二大行业，占比为 15.6%。金融业是一个极具政治敏感性与经济战略重要性的领域。2008 年从美国次贷危机开始的全球金融危机爆发后，一些传统意义上被认为投资环境比较稳定的发达国家，也采取了一系列非常态的管制措施，有些措施已构成了间接征收。例如,前述的中国平安保险公司诉比利时案即为实例。位列第三的采矿业,存量达1237.3亿美元,占比为14%。采矿业投资一般周期长、数额大并需投向政治风险较高的国家和地区,也是易引起投资纠纷的行业。这也同样为国际投资仲裁实践所证实。据2015年ICSID统计数据显示,从行业分布上看,依照ICSID公约及其便利规则向ICSID仲裁庭提交仲裁的案例中,石油、天然气与矿业位居第一位,占比为26%,其次是电力与其他能源行业,占比为14%,金融业与建筑业占比均为7%(见图2)。

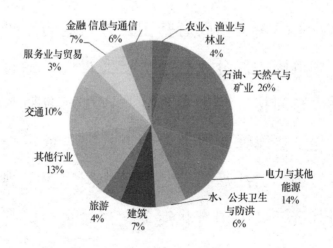

图2　ICSID登记案例的行业分布

数据来源:The ICSID Caseload‐Statistics(Issue 2015—1)。

　　结合前述中国海外投资行业分布情况可知，中国海外投资比较集中的行业多属于易引起投资争端的行业，这也增加了中国海外投资发生间接征收风险的概率。

　　综上分析，中国海外投资的地区与行业分布均表明，中国"走出去"的企业需高度关注间接征收问题。那么，间接征收与直接征收有哪些区别？间接征收的表现形式有哪些？后文具体讨论。

二　间接征收的定义与表现形式

（一）间接征收的定义

　　征收系指东道国政府基于公共利益的需要对外国投资者在东道国的部分或全部资产实行剥夺的行为，包括直接征收与间接征收两种形式。直接征收通常指东道国以国有化、法律强制或没收等方式完全取得投资者财产的征收行为。二战后初期，发展中国家为了维护经济主权，对外资开展了国有化运动，当时主要以直接征收方式大规模地征收外国投资者的财产。随着经济全球化的发展和投资自由化趋势不断加强，东道国实施直接征收的情况已非常罕见，虽然一些拉丁美洲国家近年恢复了此类措施，如一些国家采取收购资本的大部分等紧急措施以拯救受到 2008—2009 年全球金融危机影响的经济的某些领域。但就总体趋势而言，各国主要采取更为间接与隐蔽的间接征收措施干涉外国投资者。

现有的国际投资条约多数对间接征收有所规定，例如 1956 年《欧洲人权公约》、1961 年《关于国家对外国人造成损害的国际责任公约哈佛草案》、1967 年《外国人财产保护公约》、1992 年《世界银行外国直接投资待遇指南》、1992 年《北美自由贸易协定》、1994 年《能源宪章条约》、1998 年《多边投资协定草案》以及美国 2012 年双边投资协定（BIT）范本等，但上述条约对于间接征收的界定并不统一。直至目前学界与司法实践中对于何谓间接征收仍未形成共识。

一般而言，间接征收主要指未直接转移或剥夺投资者的财产权，但东道国政府以与征收具有"效果相同的措施"或"类似的任何其他措施"，干涉财产的使用或享用收益。联合国贸易与发展委员会（UNCTAD）在分析国家实践、国际投资协定中的定义以及仲裁实践的基础上，概括总结了间接征收包含的四个核心要素：一是可归因于国家的措施；二是对财产权或其他受法律保护的利益的干涉；三是导致相关的权利或利益的全部或绝大部分的价值损失或剥夺所有者对投资的控制；四是所有者保有法律上的所有权或实质上的占有（UNCTAD，2012）。

由于在国际投资领域"间接征收"并没有统一的定义，对于间接征收的界定多是描述性的，因此其可以是"间接的征收""蚕食性征收""事实上的征收""等同于征收""变相征收""监管征收"或"虚拟征收"等任一形式。其中最为值得注意的是蚕食性征收，其会导致财产权被剥夺或失去控制，但这一结果是逐渐发生的或分阶段导致的。

（二）间接征收的表现形式

间接征收的表现形式也多种多样，其中典型性表现形式包括强制转让财产，完全禁止转让或支配财产，实质干预企业的管理控制权，过度或任意征税，取消许可或批准，违法驱逐外国投资者，冻结银行账户，以及推动罢工，停工和致使劳工短缺等，不一而足。实践中，出现上述表现形式未必一定构成间接征收，还要根据具体案例"逐案"考察分析。例如，东道国政府歧视性的

"过度和重复税收"措施具有没收效果，等同于间接征收，但是并不是所有的歧视性过度或任意征税都会构成间接征收。假如有充分的理由"过度和重复"征税，不一定会构成间接征收（王小林，2011）。再如，东道国政府在征收外国投资者财产的过程中发生冻结外国投资者银行账户的行为，并且该行为是否定投资者全部财产权利的行为的一部分，在此种情况下，冻结银行账户就"等同于"征收，构成间接征收。但是，如果东道国政府是由于调查犯罪、管制有违法行为的账户等原因合法地冻结银行账户则是正当的，并不构成间接征收（Sornarajah，2004）。

由于间接征收缺乏严谨、权威、准确定义以及在实践中表现形式多样，为其认定留下了弹性空间。近年来，在仲裁实践中，如何确认间接征收的成立而同时又不妨碍国家规制公共利益的权力越来越成为具有挑战性的问题。对此，后文予以进一步分析。

三　间接征收的认定与仲裁实践新进展

目前大多数国际投资协定已规定对于为了公共利益

的目的，以非歧视的方式并遵守正当程序的直接和间接征收行为应提供充分、及时和有效的赔偿。换言之，一国政府有权在符合上述条件的情况下进行征收。然而，在一些情况下，东道国政府行使治安权或为公共利益而实施管理所采取的措施会不可避免地导致对商业的显著损害，但当前国际法则广泛接受东道国政府行使"治安权"或为公共利益而实施的管理行为不产生赔偿权利的观念（Yannaca – Small，2008）。这就出现了在仲裁实践中需要将这类政府管理行为与间接征收相区分问题。正确区分一国政府为公共利益而实施的管理行为与征收性措施，不仅事关外国投资者合法投资利益能否得到东道国有效保护，也涉及东道国政府管理权限是否受到限制这一重要问题。由于国际投资仲裁庭在间接征收认定上倾向于保护外国投资者的利益，对投资协定中的征收条款及其他条款扩大化解释，引起了国际社会对国际投资仲裁的公正性的质疑，并成为导致国际仲裁合法性危机的重要原因之一。

在上述背景下，近年有关征收的条约实践与仲裁实践的主要发展是对于间接征收增加了很多详细规定，从而在缺乏间接征收的统一的定义情况下，对相关因素给予澄清。这些条约一般要求国际仲裁庭在逐案、事实调查以及列出需要考量的相关因素的基础上做出决定。2004 年，美国和加拿大首先在其 BIT 范本的附件中增加了相关规定，并在其后两国缔结的 FTA 和 BIT 附件中增加这些规定。大多数新近缔结的条约都参照了美国和加拿大关于间接征收的规定，但也有一些变化，例如在中国和新西兰缔结的 FTA 中还增加了评估国家行为的额外标准。[①]

根据条约与仲裁实践的新发展，可以发现评估一项措施是否构成间接征收，一般主要考虑三个方面的因素：一是措施的经济影响；二是措施对投资的合理和明显期待的干涉；三是措施的性质、目的和特点。这三个因素的具体内容近年均有所发展，后文将详述之。

（一）措施的经济影响

东道国的一项措施或一系列措施必须对投资的经济

[①] 《中国—新西兰自由贸易协定》附件十三"征收"规定："在以下情况下，对财产的剥夺应被认为构成间接征收：（一）效果上是歧视性的，既可能是针对特定投资者的，也可能是针对投资者所属的一个类别的；或者（二）违反政府对事前向投资者所做的具有约束力的书面承诺，无论此种承诺是通过协议、许可还是其他法律文件做出的。"

价值和投资者利益造成破坏性的与长时间的影响。但是，对于仅造成对投资的有效的剥夺是否就自动构成征收这一问题则存有争议，也即学界所称的"纯粹效果标准"。1983 年以来，伊朗—美国求偿法庭为解决 20 世纪 70 年代末伊朗伊斯兰革命期间及之后伊朗与美国公民间发生的财产纠纷，在认定间接征收方面基本上采取的是"纯粹效果标准"（Heiskanen，2003）。考察 ICSID 仲裁庭在 2004 年前的案例，可发现也主要是采纳效果标准（Kunoy，2005）。

为阻止"纯粹效果标准"的扩散，即矫正国际投资仲裁庭在间接征收认定方面过分强调投资者权益，以致投资者权益与东道国权力处于过度失衡的状态，美国和加拿大在 2004 年修改其 BIT 范本时，明确增加规定拒绝这一标准适用于间接征收。目前国际投资协定发展的趋势表明，仅有一项措施或一系列措施对投资的经济价值产生负面影响的事实并不意味着已经发生间接征收。换言之，剥夺财产权仅是构成间接征收的必要与重要条件，但不是充分条件。并且，东道国的一项措施或一系列措施对投资的经济价值的破坏必须是全部或接近全部。在格拉姆斯黄金有限公司诉美国案①中，原告声称美国通过联邦和州的意在保护土著居民土地的措施，剥夺了其开采加利福尼亚东南部金矿的权利。鉴于原告仍保有对所有权的占有，仲裁庭在审理此案中需要解决的关键问题是确定采矿权是否失去经济价值。仲裁庭审理认为，在声称的征收措施实施后，项目还保有超过 2000 万美元的价值（原告提出在采取征收措施前该项目具有约 4900 万美元的价值），因此，仲裁庭驳回了征收的诉求，并指出："未满足分析任何征收的首要因素，指控的措施并未对项目造成足够的经济影响并导致原告的投资被征收。"

除了因投资经济价值减损外，投资者也可因被阻止使用或处理其投资，即失去对投资的控制的理由提起征收诉求。这特别适合当投资是一家公司或公司股权的情况。一项有价值的投资在其所有者无法使用或处理时必然变得毫无意义。一个企业的核心管理人员被东道国驱逐也可被视为导致对投资失去控制的征收措施。在比罗恩诉加纳案②中，比罗恩先生作为管理一家经营饭店、度

① Glamis Gold. Ltd. v. USA, Award, 8 June 2009, para. 536.
② Biloune v. Ghana, Award on Jurisdiction and Liability, 27 October 1989.

假胜地项目的公司的具有关键作用的管理者被驱逐，有效地阻止了该公司继续进行这一项目，仲裁庭视此为构成蚕食性征收的顶点。

此外，构成征收的措施应是不可取消的与持久的。一项措施如果仅暂时性导致投资的价值减损或失去控制通常不会被视为构成征收。在苏伊士集团诉阿根廷案①中，仲裁庭发现阿根廷应对金融危机所采取的措施不构成对投资的永久性与重大的剥夺。但是，一些法律上的暂时性措施根据具体情况也可能被视为征收性的。

（二）对投资者期待的干涉

国际投资协定中，确定一项措施或一系列措施是否等同于间接征收的另一个相关因素是投资者是否存在对东道国不会采取特定类型的行为或措施的期待。这需要评估东道国采取的措施是否干涉了投资者投资背后的合理的期待（legitimate expectations），特别是当这一期待是由于东道国的保证而产生的。在 2008 年中国—哥伦比亚 BIT 中，明确规定："确定缔约一方的一项措施或一系列

---

① Suez et al. *v.* Agentina, Decision on Liability, 30 July 2010, PARA. 129.

措施是否构成间接征收应逐案考虑并基于考虑以下因素的事实调查……该措施或一系列措施的范围及对投资的合理和明显期待的干涉。"

　　国际投资仲裁庭对于"合理的期待"的主要分歧在于是否识别"合理的期待"的基础。一些仲裁庭认为，"合理的期待"不需要以东道国具体的明确的保证或表述为基础，心照不宣的保证加上投资者的假想就足以。[①]另一些仲裁庭则要求具有规制权的政府做出明确的承诺，而这一承诺又致使打算投资的投资者认为政府会放松监管。[②] 事实上，在大多数情况下，不明确的保证并不能为合理的期待提供充分的基础，特别是在保证是非官方的和不具体的情况下。

　　由此可知，国际投资仲裁庭对于"合理的期待"设置了一个比较高的门槛（Reinisch，2008）。这意味着"合理的期待"只有在国家对相关投资者做出明确承诺的情况下才会为投资仲裁庭所认定。国际投资仲裁庭在间接征收认定中，对"合理的期待"的评估绝非排他性

---

① Azurix Corp. *v.* Argentine Republic, Award, 14 July 2006, paras. 316 – 322.

② Methanex v. USA, Final AWARD, 3 August 2005, Part IV, Chapter D, para. 7.

的标准，对"合理的期待"的评估需要综合考虑政府管理措施的特征或其经济影响（Newcombe，2005）。

（三）措施的特征、性质与目的

东道国政府的管理措施的性质、目的与特征也是在考量间接征收是否发生时需要考虑的相关因素。这一因素在区分间接征收与有效的监管措施时特别重要，因为在后一种情况下将不予补偿。措施的性质系指一项措施是否是名副其实的（bona fide）；措施的目的系指一项措施是否真的追求合法的公共政策目标；措施的特征主要指一项措施是否具有非歧视性、比例性等特征。一些仲裁庭认为缺少征收的意图并不是确定一项措施是否构成间接征收的关键因素，但是意图是分析措施的性质、目的和特征的组成部分（UNCTAD，2012）。

鉴于措施的性质、目的和特征在区别间接征收与不予补偿的规制措施之间的决定性作用，近年来条约实践显示，一些国际投资协定试图将真正出于公共利益目的政府措施挑选出来，主要包括两种方式：一种方式是在国际投资协定中的征收条款或附件中增加相关解释性规定，例如规定除非在特别的情况下，缔约一方制定或适

用的旨在保护合法公共福利目标的非歧视性监管措施，
如公共健康、安全以及环境等方面的监管措施，不构成
间接征收。其他相关条款则相应地规定因这些措施不构
成间接征收，所以也不予补偿。这一模式需要特别评估
措施的严重程度及其善意性质。另一种方式则是采取增
加所谓的一般性例外规定，即从条约整体适用范围上排
除政府为特定公共政策目标所必须采取的措施或相关措
施。其一般包括保护人类或动植物生命或健康、保护可
用竭的自然资源以及保护公共道德等目标。这一方式的
主要局限在于其仅仅排除了一般例外条款中明确提及的
与公共政策目标相关的措施。实践中，一些为了公共利
益的措施可能无法纳入列出的例外范围内，但必须认定
其是非征收性且无须补偿的措施。因此，一些国家如印
度和加拿大已将两种方式相结合，即同时规定关于间接
征收的澄清条款与一般例外条款。

除此之外，缺乏公共目的、未经正当程序、比例性
以及歧视、滥用权利、国家直接受益等均是东道国规制
措施具有征收性质的标志（UNCTAD，2012）。这里值得
注意的是比例原则。事实上，这一原则在确定间接征收
方面并不是普遍接受的原则，但近来一些国际投资协定

中纳入了相关规定，一些学者也呼吁应广泛运用此项原则。

比例原则是一个源于国内行政法的广义概念。1954年生效的《欧洲人权和基本自由公约》（简称《欧洲人权公约》）第一议定书第1条第二款规定："……国家有权实施这样的法律，只要确信根据普遍的利益对控制财产的使用或保证税收或其他捐税或罚金的支付是必要的。"根据该款规定，并经过长期的实践，比例原则成为欧洲人权法院在实践中处理强占财产问题时适用的核心标准之一，即应"公平平衡"增进社会公共利益的需要与保护私人财产权的要求。其中最重要的是采取"比例原则"——只要政府实行的适当的和必要的增进社会公共利益的措施不是不成比例地对私人施加过度的或不合理的负担，就不应该被认定为间接征收（徐崇利，2008）。ICSID 仲裁庭在 2003 年裁决的特姆德公司诉墨西哥案①中，首次援引了欧洲人权法院中的比例原则，在建立权衡效果与目的的标准方面开始了尝试。

将比例原则引入对"间接征收"的认定，有助于借

---

① Técnicas Medioambientales Tecmed, S. A. *v.* United Mexican States, Award, May 29, 2003.

助更规范化的标准界定间接征收的内涵，增强仲裁庭对间接征收认定的一致性。但其也可能导致认定间接征收的标准降低，从而增加东道国政府的措施被认定为间接征收的风险。此外，还需要关注的是将人权领域的比例标准引入投资争端仲裁中的适当性问题。欧洲人权法院与投资条约在适用比例原则时的逻辑有一些不同，其不仅仅是用于判定是否发生征收而且用于估计赔偿数额。在不同制度下适用这一原则可能有助于其相互补充、相互促进，但是，只有对其适当性给予评估后才能真正使这一移植切实发挥效用。并且，更为重要的是对比例的分析会深入地侵扰政府的决策，包括评估这些问题作为公共目的的优先性与解决问题所采取的措施的适当性。欧洲人权法院与国内法院可以被视为具有承担对比例全面评估的足够的合法性，但是临时设立的国际投资仲裁庭，则缺乏评估的合法性，除了在可适用的国际投资协定专门规定国际投资仲裁庭进行比例评估或比例评估有助于识别恶意采取的措施等特殊情况下（UNCTAD，2012）。

四 完善间接征收风险防范与
救济的政策建议

从目前各国防范间接征收风险的经验来看，常见的风险防范与救济措施主要有：一是双边投资保护协定，双边投资保护协定中一般会有关于间接征收及其补偿的专门规定，可以为外国投资者提供国际法层面的保护；二是国际投资仲裁，在国际投资中遇到的纠纷与争端，可提交到如解决投资争端国际中心（ICSID）等国际仲裁机构仲裁；三是海外投资保险，即通过向投资担保机构承保以转移海外投资中的政治风险，一般可以承保的政治风险中都包括征收风险。

在上述防范间接征收风险的措施中，海外投资保险主要包括国内海外保险制度和利用《多边投资担保机构公约》（MIGA）的国际保险制度（孙南申、王稀，2015）。在国内海外保险方面，中国出口信用保险公司承保的险别中就包括征收险。但由于购买保险会增加"走出去"企业的成本，降低企业特别是中小企业的竞争力，此类保险目前在我国实践中的普及性并不高。在运用国际保险制度方面，依据《多边投资担保机构公约》成立的多边投资担保机构（以下简称 MIGA），是当今世界上唯一一个专营政治风险的国际经济组织。MIGA 主要承保的险别中就包括征收及类似措施险。但由于 MIGA 主要目的是促进对发展中国家的外国直接投资，以支持经济增长、减少贫困以及改善人们的生活，因此按照其规定只有中国企业对发展中国家的投资才适用，而对发达国家的投资则不会得到 MIGA 的承保。因此虽然中国是 MIGA 的第六大股东，MIGA 承保的非商业风险对于我国企业的海外投资可以发挥的作用具有一定的局限性。

相较而言，双边投资协定与国际投资仲裁是更为有效的间接征收风险防范与救济措施，通过双边投资协定中对"间接征收"的明确约定，既可以预防东道国采取间接征收措施侵犯我国海外投资企业的权益，又可以在"走出去"的企业遭受到东道国的"间接征收"后为其提供国际法层面的救济。但这两项措施能否真正发挥效用，又与我国与相关国家缔结的 BIT 中的"间接征收"条款是否全面与充分息息相关。

目前我国已缔结的 BIT 和 FTA 中的"投资"章节对于"间接征收"的规范并不一致。在 2006 年《中华人

民共和国政府和印度共和国政府关于促进和保护投资的
协定》① 中，我国第一次对间接征收做出具体规范，此
项规定近似于 2004 年美国 BIT 范本，但是对间接征收的
规定更为谨慎。然而，在中国其后与塞舌尔、韩国、墨
西哥等国签订的 BIT 中并没有专门界定间接征收（梁咏，
2009）。中国对外商签的一些 BIT 中缺乏对"间接征收"
规定，会导致我国在这些国家的对外直接投资一旦遭遇
到"间接征收"后，其合法权益无法获得有效保障。
2015 年 4 月 30 日，ICSID 对中国平安保险公司诉比利时
政府案做出裁决，本案最终因案件争议发生在中国与比
利时重新签订的 BIT 生效前，而最终裁决仲裁庭对本案
没有管辖权。② 在本案中曾提及此前的 1986 年中国—比
利时 BIT，虽然仲裁庭在最终裁决中指出仲裁庭对于中国
平安保险公司依据 1986 年中国—比利时 BIT 是否能得到
救济不采取任何立场，但是如果该案根据 1986 年中国—

---

① 《中华人民共和国政府和印度共和国政府关于促进和保护投资的协
定》第 3 条规定："除直接征收和国有化外，征收措施包括一方为达到使投
资者的投资限于实质上无法产生收益或不能产生回报之境地，但不涉及正
式移转所有权或直接征收，而有意采取的一项和一系列措施。"

② Ping An Insurance . Ltd. v. Kingdom of Belgium, Award, 30 April
2015，para. 233.

比利时 BIT 的规定进行裁决，可以发现 1986 年中国—比利时 BIT 中并未规定间接征收，同时将提交国际投资仲裁的争议限制为"补偿额的争议"[①]。由此可知平安保险公司如果根据该协定寻求救济也具有很大的不确定性。北京城建集团提起的诉也门共和国一案也面临类似问题，中国—也门 BIT 签订于 1998 年，其也未对间接征收做出明确规定。

值得注意的是，在 2011 年中国与乌兹别克斯坦缔结的 BIT 中，第 6 条"征收"条款对间接征收做了全面界定，在第一款第二项中规定"效果等同于国有化或征收的措施"是指间接征收。并且，在第二、第三款给予了更为具体的规定："二、在某一特定情形下确定缔约一方的一项或一系列措施是否构成第一款所指间接征收时，应当以事实为依据，进行逐案审查，并考虑包括以下在内的各种因素：（一）该措施或该一系列措施的经济影响，但仅有缔约一方的一项或一系列措施对于投资的经济价值有负面影响这一事实不足以推断已经发生了间接征收；（二）该措施或该一系列措施在范围或适用上对

---

① 参见《中华人民共和国政府和比利时—卢森堡经济联盟关于相互鼓励和保护投资协定》第 4 条与第 10 条规定。

缔约另一方投资者及其投资的歧视程度；（三）该措施或该一系列措施对缔约另一方投资者明显、合理的投资期待的损害程度，这种投资期待是依据缔约一方对缔约另一方投资者作出的具体承诺产生的；（四）该措施或该一系列措施的性质和目的，是否是为了善意的公共利益目标而采取，以及前述措施和征收目的之间是否成比例。三、除非在例外情形下，例如所采取的措施严重超过维护相应正当公共福利的必要时，缔约一方采取的旨在保护公共健康、安全及环境等在内的正当公共福利的非歧视的管制措施，不构成间接征收。"从此协定对间接征收的界定来看，这一规定吸纳了当前关于间接征收的条约实践与仲裁实践的最新进展成果，虽近似于 2012 年美国 BIT 范本中的规定，但更为谨慎，因为其除对间接征收予以明确定义外，还通过引入比例原则，使间接征收的认定标准更具有可操作性。因此，笔者认为，我国在今后对外商签 BIT 时，可以以此规定作为参考。但在具体缔约实践中，还需注意以下几方面问题。

第一，中国在对外商签 BIT 时，对于间接征收条款的内容应结合我国与缔约国间的双向投资的实际情况及发展趋势审慎选择。UNCTAD 将国际投资协定中间接征收条款的政策选择划分为三种模式,即高标准保护模式、预测性模式与合格模式。在高标准保护模式下,缔约国将条约的保护效果最大化。许多在国际投资仲裁危机兴起前缔结的现行条约均采用这一模式。预测性模式,寻求对法律的澄清以给予缔约国和仲裁员指导,从而确保间接征收条款的正确与一致适用。合格模式则指近来的实践显示一些国家谨慎地缩减可能由于征收条款扩大化会引起的特定的风险。例如重新定义投资,将一些类型的资产如组合投资等从投资定义中排除 (UNCTAD,2012)。中国在缔结 BIT 时,宜根据两国投资情况以及潜在发展趋势从上述三种模式中审慎选择,不宜规定千篇一律的间接征收的定义与认定标准即搞"一刀切",而是应"量体裁衣"。

第二,要审慎校准中国同时作为投资东道国的利益与成长中海外投资大国的利益平衡问题。换言之,当前中国越来越兼具资本输出国与资本输入国的"身份混同"现状,需要中国兼顾作为东道国的基本利益与日益增长的海外投资利益 (韩冰,2013)。为配合"走出去"战略保护海外投资利益而对 BIT 条款内容予以重新考量时,不应忽略我国作为投资东道国,现处于经济发展转型时期，经济政策常会发生变动，产业结构也处于不断调整当中的现实国情，这些变动和调整，可能会涉及外国投资者在华的利益，而外国投资者很可能据此以间接征收为由提起国际投资仲裁。

第三，要注意完善中外 BIT 中与间接征收相关的其他条款，如"投资"的定义、"最惠国待遇条款"以及"投资争端解决程序规定"等。2003 年中德 BIT 对投资做出开放性的定义，扩大了我国对外资的保护范围，这虽然表明了我国政府对保护外商投资的积极态度，但其也更容易引起纠纷，加之我国在其他投资协定中大多承诺了最惠国待遇，我国在中德 BIT 中的规定可能会被其他国家所援引。并且，在 1998 年《中华人民共和国政府和巴巴多斯政府关于鼓励和相互保护投资协定》签订之后缔结的所有中外双边投资协定中几乎全面接受了 ICSID 仲裁管辖，甚至未将涉及"国家安全利益"的事项明确排除在国际仲裁管辖之外，这也潜在地增加了外国投资者对我国政府管制措施提起投资争端仲裁的可能性（梁咏，2010）。

第四，应充分利用目前进行中的中美 BIT 与中欧 BIT 谈判，纳入符合中国利益的"间接征收"条款，从而在国际上对间接征收问题尚未形成统一认识时，表明中国的立场，这既有利于中国参与国际投资规则的重塑，也有利于配合中国"走出去"战略，切实保护中国的海外投资利益。

五　结语

中国海外投资的地区与行业分布均表明中国"走出去"的企业需要特别注意防范间接征收风险。近年来间接征收的条约实践与仲裁实践的最新进展则显示，间接征收认定的分析框架正逐步完善。这对我国"走出去"的企业而言，则意味着其在遭遇间接征收后寻求国际法层面的救济的难度在增加。因此，我国在与外商签 BIT 时应结合两国间的双向投资的实际情况及发展趋势审慎选择间接征收条款的政策模式，通过重新商签 BIT 等方式尽快完善对外缔结的 BIT 中的间接征收条款内容，以实现兼顾中国作为东道国的基本利益与日益增长的海外投资利益。

参考文献

UNCTAD，2015，*World Investment Report 2015*： *Reforming International Investment Governance*，United Nations，UNCTAD/WIR/2015.

王小林：《论间接征收及其法律表现形式》，《求索》2011 年第 9 期。

UNCTAD，2012，*Expropriation*，"UNCTAD Series on Issues in International Investment Agreement II"，United Nations，UNCTAD/DIAE/IA/2011/7.

M. Sornarajah，*The International Law on Foreign Investment*，Cambridge：Cambridge University Press，2004.

Veijo Heiskanen，2003，"The Contribution of the Iran—United States Claims Tribunal to the Development of Indirect Expropriation"，*International Law Forum*,Vol. 5.

Bjorn Kunoy，2005，"Development in Indirect Expropriation Case Law in ICSID Transnational Arbitration"，*The Journal of World Investment & Trade* ，Vol. 6.

Reinisch A.，2008，"Expropriation"，in Muchlinski P.，Ortino F. and Schreuer C. eds，*The Oxford Handbook of In-*

ternational Investment Law, Oxford：Oxford University Press.

Newcombe A., 2005, "The Boundaries of Regulatory Expropriation in International Law", *Icsid Review：Foreign Investment Law Journal*, Vol. 1.

Katia Yannaca‑Small、樊林波：《国际投资法中的"间接征收"与"管制权利"》,《国际经济法学刊》2008 年第 2 期。

徐崇利：《利益平衡与对外资间接征收的认定及补偿》,《环球法律评论》2008 年第 6 期。

孙南申、王稀：《中国对外投资征收风险之法律分析》,《国际商务研究》2015 年第 1 期。

梁咏：《间接征收与中国海外投资利益保障——以厄瓜多尔征收 99% 石油特别收益金为视角》,《甘肃政法学院学报》2009 年第 5 期。

韩冰：《美国对外投资政策法律新进展——基于 2012 年美国双边投资协定范本的分析》,《国际经济评论》2013 年第 5 期。

梁咏：《我国海外投资之间接征收风险及对策——基于"平安公司—富通集团案"的解读》,《法商研究》

2010 年第 1 期。

中华人民共和国商务部、中华人民共和国国家统计局和国家外汇管理局：《2014 年度中国对外直接投资统计公报》，中国统计出版社 2015 年版。

韩冰，中国社会科学院世界经济与政治研究所国际投资室副研究员，法学博士。主要研究领域：国际投资法、跨国公司法律问题。在《国际经济评论》《华东政法学院学报》等期刊发表论文二十余篇。

王永中，中国社会科学院世界经济与政治研究所国际投资室副主任、研究员，经济学博士。主要研究领域：宏观经济、货币经济、国际投资。著有《中国外汇冲销的实践与绩效》一书，在《世界经济》《金融评论》等期刊发表论文数十篇。